AF343679

NOUVELLE-CALÉDONIE ET DÉPENDANCES

PROGRAMME

DES GRANDS TRAVAUX

ET DE

MISE EN VALEUR DE LA COLONIE

PARIS

IMPRIMERIE NATIONALE

1929

TABLEAU I.

INVENTAIRE GÉNÉRAL DES BESOINS DE LA COLONIE

ESTIMATION DES DÉPENSES CORRESPONDANTES

ET

RÉPARTITION DES MOYENS D'EXÉCUTION.

LEAU I.

INVENTAIRE GÉNÉRAL DES BESOINS DE LA COLONIE.

…RE …NCE	DÉSIGNATION DES TRAVAUX. NATURE DES TRAVAUX.	ÉVALUATIONS. PARTIELLES.	ÉVALUATIONS. TOTALES.	RÉPARTITION DES MOYENS D'EXÉCUTION. RESSOURCES ORDINAIRES. Colonie budget extraordinaire.	RESSOURCES ORDINAIRES. Budget commune de Nouméa.	RESSOURCES EXTÉRIEURES. EMPRUNT à la charge de la colonie.	EMPRUNT à la charge de la commune de Nouméa.	PRESTATIONS à la charge de la colonie.	PRESTATIONS à la charge de la commune de Nouméa.
		francs.	francs.	francs.	francs.	francs.	francs.	francs.	francs.
	I. VOIES DE COMMUNICATIONS TERRESTRES.								
	A. Achat de matériel pour entretien et construction des routes	"	2.500.000	"	"	.	"	2.500.000	"
	Total du § A. Matériel		2.500.000	"	"	"	"	2.500.000	"
	B. Routes.								
e	Achèvement de la route Nouméa-Koumac :								
	a. Muéo-Témala	3.000.000	"	1.200.000	"	1.800.000	"	"	.
	b. Témala-Koumac	5.200.000	"	"	"	5.200.000	.	"	"
	Achèvement de la route Bourail-Houaïlou	3.000.000	"	800.000	"	2.200.000	"	"	.
	Continuation de la route La Coulée-Yaté, tronçon Plum-Baie-des-Pirogues	400.000	.	200.000	"	200.000	"	"	"
	Achèvement de la route La Foa-Canala	3.850.000	"	.	"	3.850.000	"	"	"
	Construction de la route Houaïlou-Hienghène	7.000.000	"	.	"	7.000.000	"	.	"
	Construction de la route Ouatchê-Oubatche-Koumac	(1) 3.000.000	.	.	.	3.000.000	"	"	.
	Continuation de la route Bouloupari-Thio	(2) 1.000.000	"	"	.	1.000.000	.	"	"
	Totaux de la 1re urgence		26.450.000	2.200.000	.	24.250.000	"	"	"
•	Construction de la route Oubatche-Ouégoa-Koumac	(1) 3.000.000	"	"	"	3.000.000	"	"	"
	Continuation de la route Bouloupari-Thio	(2) 1.000.000	"	1.000.000	.	.	"	.	"
	Continuation de la route La Coulée-Yaté, tronçon Baie-des-Pirogues-Yaté	2.800.000	.	"	"	2.800.000	"	"	"
	Totaux de la 2e urgence		6.800.000	1.000.000	.	5.800.000	"	"	.
	Report du total de la 1re urgence		26.450.000	2.200.000	.	24.250.000	.	"	.
	Totaux du § B. Routes		33.250.000	3.200.000	.	30.050.000	.	.	"
	C. Ouvrages d'art.								
re	Tontouta	2.000.000	"	"	"	750.000	"	1.250.000	.
	Fonwhary	600.000	"	.	"	200.000	"	400.000	"
	Ouaya	200.000	.	"	"	100.000	.	100.000	"
	Moindah	400.000	.	"	"	150.000	"	250.000	.
	Totaux pour la 1re urgence		3.200.000	"	"	1.200.000	"	2.000.000	"
2e	Néra	900.000	"	900.000	"	"	"	.	"
	Totaux pour la 2e urgence		900.000	900.000	"	"	"	.	"
	Report du total de la 1re urgence		3.200.000	.	"	1.200.000	"	2.000.000	.
	Totaux du § C. Ouvrages d'art		4.100.000	900.000	"	1.200.000	"	2.000.000	"
	D. Bacs à propulsion mécanique.								
2e	*Témala*	125.000	"	125.000	.	"	"	"	"
	Pouébo…	125.000	.	125.000	"	"	"	.	"
	Tchamba	125.000	"	125.000	"	"	"	.	"
	Hienghène	125.000	"	125.000	"	"	.	.	.
	Totaux du § D. Bacs		500.000	500.000	"	.	.	"	"
	RÉCAPITULATION PAR ORDRE D'URGENCE.								
1re	A. Matériel	2.500.000	"	"	"	.	.	2.500.000	.
	B. Routes	26.450.000	.	2.200.000	"	24.250.000	"	.	"
	C. Ouvrages d'art	3.200.000	"	"	-	1.200.000	- "	2.000.000	.
	D. Bacs à propulsion mécanique	"	"	"	.	"	.	"	.
	Totaux de la 1re urgence		32.150.000	2.200.000	"	25.450.000	"	4.500.000	.
2e	A. Matériel	"	"	"	"	.	.	"	.
	B. Routes	"	6.800.000	1.000.000	.	5.800.000	.	"	"
	C. Ouvrages d'art	"	900.000	900.000	"	"	"	"	"
	D. Bacs à propulsion mécanique	"	500.000	500.000	.	"	"	"	.
	Totaux de la 2e urgence		8.200.000	2.400.000	"	5.800.000	"	.	.
	Report des totaux de la 1re urgence		32.150.000	2.200.000	.	25.450.000	"	4.500.000	.
	Totaux généraux (I. Voies de communication terrestres)		40.350.000	4.600.000	"	31.250.000	"	4.500.000	"

OBSERVATIONS.

(1) 1re urgence 3.000.000f
2e urgence 3.000.000
Total 6.000.000

(2) 1re urgence (Emprunt) 1.000.000
2e urgence (Budget extraordinaire) 1.000.000
Total 2.000.000

ORDRE D'URGENCE.	DÉSIGNATION DES TRAVAUX. — NATURE DES TRAVAUX.	ÉVALUATIONS		RÉPARTITION DES MOYENS D'EXÉCUTION.						OBSERVATIONS.
				RESSOURCES ORDINAIRES.		RESSOURCES EXTÉRIEURES.				
						EMPRUNT		PRÉSTATIONS		
		PARTIELLES.	TOTALES.	COLONIE budget extraordinaire.	BUDGET commune de Nouméa.	à la charge de la colonie.	à la charge de la commune de Nouméa.	à la charge de la colonie.	à la charge de la commune de Nouméa.	
		francs.	francs.	francs.	francs.	francs.	francs.	francs.	francs.	
	II. PORTS ET NAVIGATION.									
	A. Port de Nouméa.									
1re	Môle de 800 mètres	(3) 12.916.000	»	»	»	(3) 12.916.000	»	»	»	
	Cale de halage	(4) 1.000.000	»	»	»	1.000.000	»	»	»	
	Imprévus	(5) 1.500.000	»	»	»	1.500.000	»	»	»	
	Totaux pour la 1re urgence		15.416.600	»	»	15.416.600	»	»	»	
2e	Môle de 500 mètres	(3) 4.523.400	»	»	»	4.523.400	»	»	»	
	Cale de halage	(4) 1.500.000	»	»	»	1.500.000	»	»	»	
	Outillage	1.400.000	»	»	»	1.400.000	»	»	»	
	Imprévus	(5) 2.800.000	»	»	»	2.800.000	»	»	»	
	Totaux pour la 2e urgence		10.223.400	»	»	10.223.400	»	»	»	
	Report du total pour la 1re urgence		15.416.600	»	»	15.416.600	»	»	»	
	Totaux du § A, Port de Nouméa		25.640.000	»	»	25.640.000	»	»	»	
	B. Navigation.									
1re	Avance éventuelle à une société pour achat de navires	8.000.000	»	»	»	8.000.000	»	»	»	
	Totaux du § B, Navigation		8.000.000	»	»	8.000.000	»	»	»	
	C. Appointements et Docks aux escales.									
1re	a. Quais :									
	Houaïlou	10.000								
	Touho	10.000								
	Ouégoa	10.000	30.000	»	»	30.000	»	»	»	
	b. Wharfs :									
	Koumac	(6) 50.000								
	Hienghène	40.000	90.000	»	»	90.000	»	»	»	
	c. Docks :									
	Poya	48.000								
	Pouembout	48.000								
	Voh	100.000								
	Koumac	45.000								
	Houaïlou	48.000								
	Ponérihouen	48.000								
	Touho	48.000								
	Hienghène	48.000								
	Pam	48.000								
	Ouégoa	23.000								
	Témala	48.000								
	Bourail	48.000								
	La Foa	48.000	628.000	»	»	128.000	»	500.000	»	
	Totaux du § C, Appointements et Docks aux escales		748.000	»	»	248.000	»	500.000	»	
	D. Éclairage des côtes.									
1re	Modification du feu de La Havannah	50.000	»	50.000	»	»	»	»	»	
	Maison pour pilotes à La Havannah	150.000	»	»	»	150.000	»	»	»	
	Totaux de la 1re urgence		200.000	50.000	»	150.000	»	»	»	
2e	Modification du feu Tabou	150.000	»	150.000	»	»	»	»	»	
	Totaux de la 2e urgence		150.000	150.000	»	»	»	»	»	

NATURE DES TRAVAUX.	ÉVALUATIONS PARTIELLES	ÉVALUATIONS TOTALES	COLONIE budget extraordinaire.	budget commune de Nouméa.	EMPRUNT à la charge de la colonie.	EMPRUNT à la charge de la commune de Nouméa.	PRESTATIONS à la charge de la colonie.	PRESTATIONS à la charge de la commune de Nouméa.	OBSERVATIONS.
D. Éclairage des côtes. (Suite.)									
Phare de l'Îlot Keï	900.000	»	»	»	900.000	»	»	»	
Phare du Cap des Pins	500.000	»	»	»	500.000	»	»	»	
Feu du Porc-Épic	150.000	»	»	»	150.000	»	»	»	
Modification du feu Nouville	300.000	»	300.000	»	»	»	»	»	
Construction du feu de l'Îlot Contrariété	200.000	»	200.000	»	»	»	»	»	
Total de la 3ᵉ urgence	»	2.030.000	500.000	»	1.550.000	»	»	»	
Report du total de la 1ʳᵉ urgence	»	200.000	50.000	»	150.000	»	»	»	
Report du total de la 2ᵉ urgence	»	150.000	150.000	»	»	»	»	»	
Total du § D, Éclairage des côtes	»	2.400.000	200.000	»	1.700.000	»	»	»	
RÉCAPITULATION PAR ORDRE D'URGENCE.									
A. Port de Nouméa	»	15.416.600	»	»	15.416.600	»	»	»	
B. Navigation	»	8.000.000	»	»	8.000.000	»	500.000	»	
C. Appontements et Docks aux escales	»	748.000	»	»	248.000	»	500.000	»	
D. Éclairage des côtes	»	200.000	50.000	»	150.000	»	»	»	
Totaux pour la 1ʳᵉ urgence	»	24.364.600	50.000	»	23.814.600	»	500.000	»	
A. Port de Nouméa	»	10.223.400	»	»	10.223.400	»	»	»	
B. Navigation	»	»	»	»	»	»	»	»	
C. Appontements et docks aux escales	»	150.000	»	»	»	»	»	»	
D. Éclairage des côtes	»	150.000	150.000	»	»	»	»	»	
Totaux pour la 2ᵉ urgence	»	10.373.400	150.000	»	10.223.400	»	»	»	
A. Port de Nouméa	»	»	»	»	»	»	»	»	
B. Navigation	»	»	»	»	»	»	»	»	
C. Appontements et docks aux escales	»	»	»	»	»	»	»	»	
D. Éclairage des côtes	»	2.050.000	500.000	»	1.550.000	»	»	»	
Totaux pour la 3ᵉ urgence	»	2.050.000	500.000	»	1.550.000	»	»	»	
Report des totaux pour la 1ʳᵉ urgence	»	24.364.600	50.000	»	23.814.600	»	500.000	»	
Report des totaux pour la 2ᵉ urgence	»	10.373.400	150.000	»	10.223.400	»	»	»	
Totaux généraux (II. Ports et Navigation)	»	36.788.000	700.000	»	35.538.000	»	500.000	»	
III. POSTES, TÉLÉGRAPHES ET TÉLÉPHONES.									
A. Réfection, extension et transformation du réseau télégraphique et téléphonique.									
Réfection et extension du réseau téléphonique et télégraphique général :									
a. Téléphone	3.531.000	»	»	»	»	»	»	»	
b. Télégraphe	1.202.000	»	»	»	»	»	»	»	
	»	4.733.000	»	»	4.733.000	»	»	»	
Transformation du réseau téléphonique de Nouméa :									
a. Construction du réseau téléphonique souterrain	»	»	»	»	»	»	»	»	
b. Installation du téléphone automatique	272.500	»	»	»	272.500	»	»	»	
Totaux de la 1ʳᵉ urgence	»	5.005.500	»	»	5.005.500	»	»	»	

ORDRE d'urgence	DÉSIGNATION DES TRAVAUX — NATURE DES TRAVAUX	ÉVALUATIONS PARTIELLES	ÉVALUATIONS TOTALES	RESSOURCES ORDINAIRES — Colonie budget extraordinaire	RESSOURCES ORDINAIRES — Budget communal de Nouméa	RESSOURCES EXTÉRIEURES EMPRUNT — à la charge de la colonie	EMPRUNT — à la charge de la commune de Nouméa	PRESTATIONS — à la charge de la colonie	PRESTATIONS — à la charge de la commune de Nouméa	OBSERVATIONS
		(francs.)	(francs.)	(francs.)	(francs.)	(francs.)	(francs.)	(francs.)	(francs.)	
2e	Transformation du réseau téléphonique de Nouméa :									
	a. Construction d'un réseau téléphonique souterrain	1.190.000	»	»	»	1.190.000	»	»	»	
	b. Installation du téléphone automatique	(7) 272.500	»	»	»	272.500	»	»	»	
	Totaux de la 2e urgence	»	1.462.500	»	»	1.462.500	»	»	»	
	Report des totaux de la 1re urgence	»	5.005.500	»	»	5.005.500	»	»	»	
	Totaux du § A, Réfection, extension et transformation du réseau téléphonique et télégraphique	»	6.468.000	»	»	6.468.000	»	»	»	
	B. Réseau des tribus indigènes.									
1re	....	»		»	»	»	»	»	»	
2e	Création du réseau téléphonique des tribus indigènes	(8) Mémoire.		»	»	»	»	»	»	
	Totaux du § B, Réseau des tribus indigènes	»	(8) Mémoire.	»	»	»	»	»	»	(8) À calculer sur ressources du budget
	C. Installation radiotélégraphique.									
1re	Installation d'un poste radiotélégraphique	675.000	»	675.000	»	»	»	»	»	
	Totaux du § C, Installation d'un poste radiotélégraphique	»	675.000	675.000	»	»	»	»	»	
	D. Construction d'immeubles.									
1re	Construction d'un hôtel des postes, caisse d'épargne, à Nouméa	(9) 1.000.000	»	»	»	1.000.000	»	»	»	
	Totaux de la 1re urgence	»	1.000.000	»	»	1.000.000	»	»	»	
2e	Construction d'un hôtel des postes, caisse d'épargne à Nouméa	(9) 1.000.000	»	»	2	1.000.000	»	»	»	
	Construction de bureaux des postes dans l'intérieur : Bourail, Pouembout, Koné, Koumac, Poindimié, Ponéla, Ouégoa	1.200.000	»	»	»	1.260.000	»	»	»	
	Construction d'un atelier avec logement pour un mécanicien des P. T. T. (Ouégoa-Koumac)	200.000	»	»	»	200.000	»	»	»	
	Transport du poste local de T. S. F. dans un immeuble pénitentiaire	100.000	»	100.000	»	»	»	»	»	
	Construction de hangars-abris pour poteaux téléphoniques et télégraphiques à : Nouméa, Bourail, Koné, Koumac, Ponou, Yaté, Canala, Houaïlou, Hienghène	(8) Mémoire.	»	»	»	»	»	»	»	
	Totaux de la 2e urgence	»	2.500.000	100.000	»	2.460.000	»	»	»	
	Report des totaux de 1re urgence	»	1.000.000	»	»	1.000.000	»	»	»	
	Totaux du § D, Construction d'immeubles	»	3.500.000	100.000	»	3.460.000	»	»	»	

RÉCAPITULATION PAR ORDRE D'URGENCE.

ORDRE d'urgence	NATURE DES TRAVAUX	PARTIELLES	TOTALES	Colonie budget extraordinaire	Budget communal de Nouméa	EMPRUNT — colonie	EMPRUNT — commune de Nouméa	PRESTATIONS — colonie	PRESTATIONS — commune de Nouméa	OBSERVATIONS
1re	A. Réfection, extension et transformation du réseau téléphonique et télégraphique	»	5.005.500	»	»	5.005.500	»	»	»	
	B. Réseau des tribus indigènes	»	»	»	»	»	»	»	»	
	C. Installation d'un poste radiotéléphonique	»	675.000	675.000	»	»	»	»	»	
	D. Construction d'immeubles	»	1.000.000	»	»	1.000.000	»	»	»	
	Totaux pour la 1re urgence	»	6.680.500	675.000	»	6.005.500	»	»	»	
2e	A. Réfection, extension et transformation du réseau téléphonique et télégraphique	»	1.462.500	»	»	1.462.500	»	»	»	
	B. Réseau des tribus indigènes	»	Mémoire.	»	»	»	»	»	»	
	C. Installation d'un poste radiotéléphonique	»	»	»	»	»	»	»	»	
	D. Construction d'immeubles	»	2.560.000	100.000	»	2.460.000	»	»	»	
	Totaux pour la 2e urgence	»	4.022.500	100.000	»	3.922.500	»	»	»	
	Report des totaux pour la 1re urgence	»	6.680.500	675.000	»	6.005.500	»	»	»	
	Totaux généraux (III. Postes, télégraphe et téléphones)	»	10.703.000	775.000	»	9.928.000	»	»	»	

N° d'ordre d'urgence	DÉSIGNATION DES TRAVAUX — NATURE DES TRAVAUX	ÉVALUATIONS Partielles	ÉVALUATIONS Totales	RESSOURCES ORDINAIRES — Colonie budget extraordinaire	RESSOURCES ORDINAIRES — Budget commune de Nouméa	RESSOURCES EXTÉRIEURES — Emprunt à la charge de la colonie	RESSOURCES EXTÉRIEURES — Emprunt à la charge de la commune de Nouméa	RESSOURCES EXTÉRIEURES — Facilités à la charge de la colonie	RESSOURCES EXTÉRIEURES — Facilités à la charge de la commune de Nouméa	OBSERVATIONS
		francs.	francs.	francs.	francs.	francs.	francs.	francs.	francs.	
	IV. PROTECTION DE LA SANTÉ PUBLIQUE.									
	ASSISTANCE ET HYGIÈNE PUBLIQUES.									
	A. Organisation médicale.									
1er	1° Nouméa :									
	a. Modernisation de l'hôpital central :									
	Réparation et peinture des bâtiments	400.000	»	»	»	400.000	»	»	»	
	Réfection des conduites d'eau, de gaz	100.000	»	»	»	100.000	»	»	»	
	Réfection des water-closets et lavabos	100.000	»	»	»	100.000	»	»	»	
	Installation de lavabos dans les chambres de malades et cabines de bains aux étages	60.000	»	»	»	60.000	»	»	»	
	Réfection en carreaux de céramique des revêtements des murs de chambres	150.000	»	»	»	150.000	»	»	»	
	Pose de linoléum dans les chambres et escaliers	30.000	»	30.000	»	»	»	»	»	
	Construction d'une salle d'opérations et de stérilisation	300.000	»	300.000	»	»	»	»	»	
	Logement du personnel infirmier	300.000	»	300.000	»	»	»	»	»	
	Achat de mobilier et matériel pour chambres de malades	80.000	»	»	»	80.000	»	»	»	
	Réfection des salles de bains (emplacements des baignoires et revêtement des murs en carreaux de céramique)	60.000	»	»	»	60.000	»	»	»	
	Achat de matériel pour salles d'opération, de stérilisation et d'examen)	50.000	»	»	»	50.000	»	»	»	
	Construction d'un pavillon pour l'isolement des malades (femmes)	300.000	»	300.000	»	»	»	»	»	
	Totaux pour a		1.940.000	930.000	»	1.010.000	»	»	»	
	b. Modernisation du lazaret de Freycinet :									
	Réparation aux bâtiments	100.000	»	»	»	»	»	»	»	
	Achat de mobilier et de matériel	40.000	»	»	»	»	»	»	»	
	Construction d'une citerne de 30 mètres cubes	30.000	»	»	»	»	»	»	»	
	Totaux pour b		170.000	170.000	»	»	»	»	»	
	c. Camp de ségrégation des asiatiques introduits dans la colonie :									
	Reconstruction de baraquements à Yannville	500.000								
	Totaux pour c		500.000	500.000	»	»	»	»	»	
	Totaux pour Nouméa		2.610.000	1.600.000	»	1.010.000	»	»	»	
	2° Intérieur :									
	Création de dispensaires pour Européens et indigènes à Hienghène, Koumac (ou Gomen)	400.000								
	Travaux pour l'intérieur		400.000	»	»	400.000	»	»	»	
	Travaux pour la 1re urgence		3.010.000	1.600.000	»	1.410.000	»	»	»	
2e	1° Nouméa	»								
	2° Intérieur :									
	a. Création de dispensaires pour européens et indigènes à La Foa, Koné, Houaïlou (infirmière), Ponérihouen, Canala	1.000.000								
	Totaux pour a		1.000.000	1.000.000	»	»	»	»	»	

Suite de l'*Inventaire général* des besoins de la colonie.

ORDRE D'URGENCE.	NATURE DES TRAVAUX.	ÉVALUATIONS PARTIELLES.	ÉVALUATIONS TOTALES.	RESSOURCES ORDINAIRES — COLONIE budget extraordinaire.	RESSOURCES ORDINAIRES — BUDGET commune de Nouméa.	RESSOURCES EXTÉRIEURES — EMPRUNT à la charge de la colonie.	RESSOURCES EXTÉRIEURES — EMPRUNT à la charge de la commune de Nouméa.	RESSOURCES EXTÉRIEURES — PRESTATIONS à la charge de la colonie.	RESSOURCES EXTÉRIEURES — PRESTATIONS à la charge de la commune de Nouméa.	OBSERVATIONS.
		francs.	francs.	francs.	francs.	francs.	francs.	francs.	francs.	
2°	Report des totaux pour *a*	»	1.000.000	1.000.000	»	»	»	»	»	
	b. Prophylaxie de la lèpre :									
	Construction de salle de visite dans chaque groupe important de tribus	Mémoire.	»	»	»	»	»	»	»	
	Regroupement des léproseries indigènes par circonscriptions administratives : subventions aux tribus pour travaux de construction de cases indigènes :									
	Tribu de Couli (La Foa)	2.000								
	— Ny (Bourail)	1.500								
	— Haco (Koné)	3.000								
	— Paîta (Gomen)	3.000								
	— Bélep (Poum)	2.500								
	— Boudé (Ouégoa)	2.000								
	— Poucho (Poudbo)	2.000								
	— Luwarape (Hienghène)	10.000								
	— Tchamba (Ponérihouen)	7.000								
	— Néouyo (Houaïlou)	7.000								
	— Kuiné (Canala)	2.000								
	— Saint-Michel (Thio)	3.000								
	— Tuanarou (Yaté)	3.000								
	Totaux pour *b*	50.000	50.000	50.000	»	»	»	»	»	
	c. Construction de logements pour médecins :									
	La Foa	(10) Mémoire.								(10) À couvrir sur ressources du budget local [illegible]
	Koné	180.000								
	Totaux pour *c*	180.000	180.000	180.000	»	»	»	»	»	
	Totaux pour le 2° urgence		1.230.000	1.230.000	»	»	»	»	»	
	Report des totaux pour la 1re urgence		3.010.000	1.600.000	»	1.410.000	»	»	»	
	Totaux du § A, Organisation médicale		4.240.000	2.830.000	»	1.410.000	»	»	»	
	B. Assistance publique.									
	Néant	»	»	»	»	»	»	»	»	
1er 2°	Achèvement de la mise en état de l'asile de Novville :									
	Aménagement pour aliénés européens	20.000								
	Ancien pavillon des incurables	155.000								
	Anciennes prisons	17.000								
	Buanderie	15.000								
	Bureau, salle d'opérations, etc.	13.000								
	Pavillon n° 5	92.000								
	Galerie	40.000								
	Anciens logements des sœurs	25.000								
	Amphithéâtre	5.000								
	Frais de surveillance et d'entretien d'une équipe d'ouvriers, imprévus	25.000								
	Conduites d'eau	10.000								
		435.000	435.000	435.000	»	»	»	»	»	
	Totaux du § B. Assistance publique		435.000	435.000	»	»	»	»	»	
	C. Hygiène publique.									
1er	Assainissement général de la ville de Nouméa :									
	a. Réfection de la conduite d'eau	968.800		»	»	»	968.800	»	»	
	Totaux pour *a*		968.800	»	»	»	968.800	»	»	
	b. Doublement de la conduite d'eau et construction d'un bassin supplémentaire	(11) 15.000.000		»	»	3.333.333	1.696.667	0.666.667	3.333.333	(11) 2/3 à la charge [de la colonie, 1/3 à la charge] de la ville de Nouméa. Plan général pour le [illegible] déterminé [illegible] 1917-1919 majoré de 1/[illegible].
	Totaux pour *b*		15.000.000	»	»	3.333.333	1.696.667	0.666.667	3.333.333	
	A reporter	»	15.968.800	»	»	3.333.333	2.635.467	6.666.667	3.333.333	

Tableau I. 15

Suite de l'*Inventaire général* des besoins de la colonie.

ORDRE D'URGENCE	DÉSIGNATION DES TRAVAUX — NATURE DES TRAVAUX	ÉVALUATIONS PARTIELLES (francs)	ÉVALUATIONS TOTALES (francs)	RESSOURCES ORDINAIRES — COLONIE budget extraordinaire (francs)	RESSOURCES ORDINAIRES — BUDGET commune de Nouméa (francs)	EMPRUNT à la charge de la colonie (francs)	EMPRUNT à la charge de la commune de Nouméa (francs)	PRESTATIONS à la charge de la colonie (francs)	PRESTATIONS à la charge de la commune de Nouméa (francs)	OBSERVATIONS
	Report	»	15.968.800	»	»	3.333.333	2.635.467	6.666.667	3.333.333	
	c. Construction du réseau d'égouts :									
	Égouts. Eaux pluviales … 130.000f									
	Eaux vannes : Bassin de la ville … 2.767.000									
	Bassin central … 632.000									
	Bassin de l'artillerie … 412.000									
	Bassin de la Vallée-du-Tir … 1.955.000									
	Bassin des réservoirs supérieurs … 731.000									
	(12)	6.847.000	6.847.000	»	»	4.564.667	2.282.333	»	»	(12) 2/3 à la charge de la colonie. 1/3 à la charge de la commune de Nouméa. 2/3 des recettes brutes au bénéfice de la colonie.
	Totaux pour c	3.500.000								
	d. Rectification de la baie de la Moselle	3.500.000								
	Totaux pour d		3.500.000	»	»	3.500.000	»	»	»	
	e. Assainissement de l'habitation, suppression des taudis, création d'habitations	»	(13) Mémoire.	»	»	»	»	»	»	
	f. Hygiène de l'alimentation	»	»	»	»	»	»	»	»	
	Totaux pour la 1re urgence	»	26.315.800	»	»	11.398.000	4.917.800	6.666.667	3.333.333	
2e	e. Assainissement de l'habitation :									(13) À exécuter sur ressources du budget local ordinaire.
	Suppression des taudis et création d'habitations à bon marché	(13) Mémoire.	»	»	»	»	»	»	»	
	Ségrégation des indigènes et asiatiques, création de quartiers spéciaux	(13) Mémoire.	»	»	»	»	»	»	»	
	f. Hygiène de l'alimentation :									
	Construction d'un abattoir avec chambre froide à Nouméa … 1.000.000f									
	Construction d'un marché couvert à Nouméa … 800.000	1.800.000	»	»	1.800.000	»	»	»	»	
	Alimentation en eau potable des centres de l'intérieur :									
	La Foa … 1.300.000f									
	Ouégoa … 25.000	2.325.000	»	2.325.000	»	»	»	»	»	
	Totaux pour f		4.125.000	2.325.000	1.800.000	»	»	»	»	
	Totaux pour la 2e urgence	»	4.125.000	2.325.000	1.800.000	»	»	»	»	
	Report des totaux de la 1re urgence	»	26.315.800	»	»	11.398.000	4.917.800	6.666.667	3.333.333	
	Report des totaux de la 2e urgence	»	4.125.000	2.325.000	1.800.000	»	»	»	»	
	Totaux du 5 C. Hygiène publique	»	30.440.800	2.325.000	1.800.000	11.398.000	4.917.800	6.666.667	3.333.333	

ORDRE D'URGENCE	NATURE DES TRAVAUX	ÉVALUATIONS PARTIELLES (francs)	ÉVALUATIONS TOTALES (francs)	RESSOURCES ORDINAIRES — COLONIE budget extraordinaire (francs)	RESSOURCES ORDINAIRES — BUDGET communal du Nouméa (francs)	RESSOURCES EXTÉRIEURES — EMPRUNT à la charge de la colonie (francs)	RESSOURCES EXTÉRIEURES — EMPRUNT à la charge de la commune de Nouméa (francs)	RESSOURCES EXTÉRIEURES — PRESTATIONS à la charge de la colonie (francs)	RESSOURCES EXTÉRIEURES — PRESTATIONS à la charge de la commune de Nouméa (francs)	OBSERVATIONS
	RÉCAPITULATION PAR ORDRE D'URGENCE.									
1re	A. Organisation médicale	»	3.010.000	1.600.000	»	1.410.000	»	»	»	
	B. Assistance publique	»	»	»	»	»	»	»	»	
	C. Hygiène publique	»	26.315.800	»	»	11.398.000	4.917.800	6.666.667	3.333.333	
	Totaux pour la 1re urgence	»	29.325.800	1.600.000	»	12.808.000	4.917.800	6.666.667	3.333.333	
2e	A. Organisation médicale	»	1.230.000	1.230.000	»	»	»	»	»	
	B. Assistance publique	»	435.000	435.000	»	»	»	»	»	
	C. Hygiène publique	»	4.125.000	2.325.000	1.800.000	»	»	»	»	
	Totaux pour la 2e urgence	»	5.790.000	3.990.000	1.800.000	»	»	»	»	
	Report des totaux de la 1re urgence	»	29.325.800	1.600.000	»	12.808.000	4.917.800	6.666.667	3.333.333	
	Report des totaux de la 2e urgence		5.790.000	3.990.000	1.800.000	»	»	»	»	
	Totaux du § IV (Protection de la santé publique. — Assistance et Hygiène publiques)	»	35.115.800	5.590.000	1.800.000	12.808.000	4.917.800	6.666.667	3.333.333	
	V. INSTRUCTION PUBLIQUE.									
	A. Enseignement secondaire.									
1re	Construction de classes supplémentaires au collège	115.200	»	115.200	»	»	»	»	»	
	Totaux du § A, Enseignement secondaire		115.200	115.200	»	»	»	»	»	
	B. Enseignement primaire supérieur.									
1re	Construction de classes supplémentaires au collège	248.600		248.600	»	»	»	»	»	
	Totaux du § B, Enseignement primaire supérieur		248.600	248.600	»	»	»	»	»	
	C. Enseignement primaire.									
1re	a. Construction d'écoles européennes et logements pour instituteurs :									
	Nouméa. — Logements d'instituteurs ... 1.300.000f / Clôture, école des filles ... 150.000	1.450.000	»	»	1.450.000	»	»	»	»	
	Intérieur. — Écoles de Koné, Koumac, Yaté et Hienghène ... 4 à 200.000 francs	800.000	»	»	»	800.000	»	»	»	
	Totaux pour a		2.250.000	»	1.450.000	800.000	»	»	»	
	b. Création de cantines scolaires	»	»	»	»	»	»	»	»	
	c. Construction d'écoles indigènes et logements pour instituteurs	»	»	»	»	»	»	»	»	
	Totaux pour la 1re urgence		2.250.000	»	1.450.000	800.000	»	»	»	
2e	a. Construction d'écoles européennes et logements pour instituteurs	»	»	»	1.450.000	800.000	»	»	»	
	b. Création de cantines scolaires à Boulouparis, La Foa, Bourail, Pouembout, Koné, Voh, Koumac, Pindimié, Pouébo, Hienghène, Ouégoa ... 11 à 200.000 francs	2.200.000	»	2.200.000	»	»	»	»	»	
	Totaux pour b		2.200.000	2.200.000	»	»	»	»	»	

Suite de l'*Inventaire général des besoins de la colonie.*

ORDRE D'URGENCE	NATURE DES TRAVAUX.	ÉVALUATIONS — PARTIELLES.	ÉVALUATIONS — TOTALES.	RESSOURCES ORDINAIRES — crédit budget extraordinaire.	RESSOURCES ORDINAIRES — budget commune de Nouméa.	RESSOURCES EXTÉRIEURES — EMPRUNT — à la charge de la colonie.	RESSOURCES EXTÉRIEURES — EMPRUNT — à la charge de la commune de Nouméa.	RESSOURCES EXTÉRIEURES — PRESTATIONS — à la charge de la colonie.	RESSOURCES EXTÉRIEURES — PRESTATIONS — à la charge de la commune de Nouméa.	OBSERVATIONS.
	c. Construction d'écoles indigènes et logements pour instituteurs :									
	A Nouméa............	200.000	»	»	200.000	»	»	»	»	
	Dans les tribus indigènes de Paita, Mudo, Koné (1), Voh (2), Gomen, Koumac, Poum, Ouégoa (2), Pouébo, Hienghène, Touho, Poindimié, Ponérihouen, Houaïlou (3), Thio, Yaté, Maré (3), Lifou (4), Ouvéa........ 29 à 85.000 francs.	2.465.000	»	2.465.000	»	»	»	»	»	
	Totaux pour c........		2.665.000	2.465.000	200.000	»	»	»	»	
	Report des totaux pour b........		2.200.000	2.200.000	»	»	»	»	»	
	Totaux pour la 2e urgence........		4.865.000	4.665.000	200.000	»	»	»	»	
	Report des totaux de la 1re urgence........		2.250.000	»	1.450.000	800.000	»	»	»	
	Totaux du § C, Enseignement primaire........		7.115.000	4.665.000	1.650.000	800.000	»	»	»	
	RÉCAPITULATION PAR ORDRE D'URGENCE.									
1re	A. Enseignement secondaire........	»	115.200	115.200	»	»	»	»	»	
	B. Enseignement primaire supérieur........	»	248.000	248.000	»	»	»	»	»	
	C. Enseignement primaire........	»	2.250.000	»	1.450.000	800.000	»	»	»	
	Totaux pour la 1re urgence........		2.613.800	363.800	1.450.000	800.000	»	»	»	
2e	A. Enseignement secondaire........	»	»	»	»	»	»	»	»	
	B. Enseignement primaire supérieur........	»	»	»	»	»	»	»	»	
	C. Enseignement primaire........	»	4.865.000	4.665.000	200.000	»	»	»	»	
	Totaux pour la 2e urgence........		4.865.000	4.665.000	200.000	»	»	»	»	
	Report des totaux de la 1re urgence........		2.613.800	363.800	1.450.000	800.000	»	»	»	
	Totaux (V. Instruction publique)........		7.478.800	5.028.800	1.650.000	800.000	»	»	»	

VI. AUTRES ŒUVRES D'INTÉRÊT ÉCONOMIQUES.

ORDRE D'URGENCE	NATURE DES TRAVAUX.	ÉVALUATIONS — PARTIELLES.	ÉVALUATIONS — TOTALES.	crédit budget extraordinaire.	budget commune de Nouméa.	EMPRUNT — colonie.	EMPRUNT — commune de Nouméa.	PRESTATIONS — colonie.	PRESTATIONS — commune de Nouméa.	OBSERVATIONS.
1re	Néant........	»	»	»	»	»	»	»	»	
2e	Mission d'étude et travaux d'hydraulique agricole........ { Étude........	300.000	»	300.000	»	»	»	»	»	
	{ Travaux........	»	»	»	»	»	»	»	»	
	Mission d'étude des hydrocarbures........	120.000	»	120.000	»	»	»	»	»	
	Suppression du bagne : cession totale par l'État à la colonie des établissements et du domaine pénitentiaire........	1.976.800	»	1.976.800	»	»	»	»	»	
	Totaux (VI. Autres œuvres d'intérêt économiques)........		2.396.800	2.396.800	»	»	»	»	»	

VII. BÂTIMENTS ADMINISTRATIFS.

A. Gouvernement.

ORDRE D'URGENCE	NATURE DES TRAVAUX.	ÉVALUATIONS — PARTIELLES.	ÉVALUATIONS — TOTALES.	crédit budget extraordinaire.	budget commune de Nouméa.	EMPRUNT — colonie.	EMPRUNT — commune de Nouméa.	PRESTATIONS — colonie.	PRESTATIONS — commune de Nouméa.	OBSERVATIONS.
1re	Néant........	»	»	»	»	»	»	»	»	
2e	Agrandissement des bureaux du cabinet........	300.000	»	»	»	»	»	»	»	
	Agrandissement des bureaux des archives........	50.000	»	»	»	»	»	»	»	
	Total du § A, Gouvernement........		350.000	350.000	»	»	»	»	»	

Suite de l'*Inventaire général*   *des besoins de la colonie.*

ORDRE D'URGENCE.	NATURE DES TRAVAUX.	ÉVALUATIONS PARTIELLES.	ÉVALUATIONS TOTALES.	COLONIE budget extraordinaire.	BUDGET commune de Nouméa.	EMPRUNT à la charge de la colonie.	EMPRUNT à la charge de la commune de Nouméa.	PRESTATIONS à la charge de la colonie.	PRESTATIONS à la charge de la commune de Nouméa.	OBSERVATIONS.
		francs.	francs.	francs.	francs.	francs.	francs.	francs.	francs.	
	B. Justice.									
1re	Construction d'un palais de justice à Nouméa	1.700.000	»	»	»	»	»	»	»	
	Construction de justices de paix dans l'intérieur :									
	Bourail	180.000								
	Houaïlou	242.000	422.400	»	»	»	»	»	»	
	Totaux du § B, Justice		2.122.400	2.122.400	»	»	»	»	»	
	C. Police et sûreté générale.									
1re	Construction d'un logement pour le chef de la sûreté	300.000	»	»	»	»	»	»	»	
	Agrandissement des locaux du commissariat	400.000	»	»	»	»	»	»	»	
	Totaux du § C, Police et sûreté générale		700.000	700.000	»	»	»	»	»	
	D. Gendarmerie.									
1re	Agrandissement de casernements et de locaux disciplinaires :									
	Koné	100.000								
	Voh	100.000	200.000	»	200.000	»	»	»	»	
	Totaux pour la 1re urgence		200.000	200.000	»	»	»	»	»	
2e	Construction ou achat de gendarmeries :									
	Ponembout	475.000								
	Gomen	475.000								
	Yaté	475.000								
	Canala	500.000								
	Poindimié	475.000								
	Pouébo	475.000	2.875.000	2.875.000	»	»	»	»	»	
	Totaux pour la 2e urgence		2.875.000	2.875.000	»	»	»	»	»	
	Report des totaux de la 1re urgence		200.000	200.000	»	»	»	»	»	
	Totaux du § D, Gendarmerie		3.075.000	3.075.000	»	»	»	»	»	
	E. Douanes.									
1re	Néant	»	»	»	»	»	»	»	»	
2e	Construction d'une salle de visite	300.000	»	300.000	»	»	»	»	»	
	Totaux du § E, Douanes		300.000	300.000	»	»	»	»	»	
	F. Trésor.									
1re	Néant	»	»	»	»	»	»	»	»	
2e	Construction ou achat d'un bâtiment pour logement et bureaux	500.000	»	500.000	»	»	»	»	»	
	Totaux du § F, Trésor		500.000	500.000	»	»	»	»	»	
	G. Services divers.									
1re	Néant	»	»	»	»	»	»	»	»	
2e	Construction de bureaux pour la Douane et logement du chef de service	650.000	»	650.000	»	»	»	»	»	
	Achat et aménagement de logements pour chefs de service et fonctionnaires :									
	Chefs de service : Douanes, Travaux Publics, Topographie, Radio-électrique, dans immeubles Pénitentiaires (Flottille)	(14) Mémoire	»	»	»	»	»	»	»	(14) À prélever sur ressources ordinaires.
	Totaux du § G, Services divers		650.000	650.000	»	»	»	»	»	

Suite de l'*Inventaire général* des besoins de la colonie.

ORDRE D'URGENCE.	NATURE DES TRAVAUX.	ÉVALUATIONS PARTIELLES.	ÉVALUATIONS TOTALES.	RESSOURCES ORDINAIRES. COLONIE budget extraordinaire.	RESSOURCES ORDINAIRES. BUDGET commune de Nouméa.	RESSOURCES EXTÉRIEURES. EMPRUNT à la charge de la colonie.	RESSOURCES EXTÉRIEURES. EMPRUNT à la charge de la commune de Nouméa.	RESSOURCES EXTÉRIEURES. PRESTATIONS à la charge de la colonie.	RESSOURCES EXTÉRIEURES. PRESTATIONS à la charge de la commune de Nouméa.	OBSERVATIONS.
		francs.	francs.	francs.	francs.	francs.	francs.	francs.	francs.	
	E. Mairies.									
	Construction de mairies pour les centres de l'intérieur :									
1re	Bouloupari	300.000								
	La Foa	300.000								
	Canala	300.000								
	Hienghène	300.000	1.200.000	1.200.000	»	»	»	»	»	
	Totaux de la 1re urgence		1.200.000	1.200.000	»	»	»	»	»	
2e	Yaté	300.000								
	Poya	300.000	600.000	600.000	»	»	»	»	»	
	Totaux de la 2e urgence		600.000	600.000	»	»	»	»	»	
	Report des totaux de la 1re urgence		1.200.000	1.200.000	»	»	»	»	»	
	Totaux du § H. Mairies		1.800.000	1.800.000	»	»	»	»	»	

RÉCAPITULATION PAR ORDRE D'URGENCE.

ORDRE D'URGENCE.	NATURE DES TRAVAUX.	ÉVALUATIONS PARTIELLES.	ÉVALUATIONS TOTALES.	COLONIE budget extraordinaire.	BUDGET commune de Nouméa.	EMPRUNT à la charge de la colonie.	EMPRUNT à la charge de la commune de Nouméa.	PRESTATIONS à la charge de la colonie.	PRESTATIONS à la charge de la commune de Nouméa.	OBSERVATIONS.
1re	A. Gouvernement	»	»	»	»	»	»	»	»	
	B. Justice	»	2.122.400	2.122.400	»	»	»	»	»	
	C. Police et sûreté générale	»	700.000	700.000	»	»	»	»	»	
	D. Gendarmerie	»	200.000	200.000	»	»	»	»	»	
	E. Douanes	»	»	»	»	»	»	»	»	
	F. Trésor	»	»	»	»	»	»	»	»	
	G. Services divers	»	»	»	»	»	»	»	»	
	H. Mairies	»	1.200.000	1.200.000	»	»	»	»	»	
	Totaux pour la 1re urgence		4.222.400	4.222.400	»	»	»	»	»	
2e	A. Gouvernement	»	350.000	350.000	»	»	»	»	»	
	B. Justice	»	»	»	»	»	»	»	»	
	C. Police et sûreté générale	»	»	»	»	»	»	»	»	
	D. Gendarmerie	»	2.875.000	2.875.000	»	»	»	»	»	
	E. Douanes	»	300.000	300.000	»	»	»	»	»	
	F. Trésor	»	500.000	500.000	»	»	»	»	»	
	G. Services divers	»	650.000	650.000	»	»	»	»	»	
	H. Mairies	»	600.000	600.000	»	»	»	»	»	
	Totaux pour la 2e urgence		5.275.000	5.275.000	»	»	»	»	»	
	Report des totaux de la 1re urgence		4.222.400	4.222.400	»	»	»	»	»	
	Totaux généraux (VII. Bâtiments administratifs)		9.497.400	9.497.400	»	»	»	»	»	

Suite de l'*Inventaire général des besoins de la colonie.*

ORDRE d'urgence.	DÉSIGNATION DES TRAVAUX. NATURE DES TRAVAUX.	ÉVALUATIONS PARTIELLES.	ÉVALUATIONS TOTALES.	RESSOURCES ORDINAIRES. COLONIE budget extraordinaire.	RESSOURCES ORDINAIRES. BUDGET commune de Nouméa.	RESSOURCES EXTÉRIEURES. EMPRUNT à la charge de la colonie.	RESSOURCES EXTÉRIEURES. EMPRUNT à la charge de la commune de Nouméa.	RESSOURCES EXTÉRIEURES. PRESTATIONS à la charge de la colonie.	RESSOURCES EXTÉRIEURES. PRESTATIONS à la charge de la commune de Nouméa.	OBSERVATIONS.
		francs.	francs.	francs.	francs.	francs.	francs.	francs.	francs.	
	RÉCAPITULATION GÉNÉRALE.									
	I. Voies de communications terrestres		40.356.000	4.600.000	»	31.250.000	»	4.500.000	»	
	II. Ports et Navigation		36.788.000	700.000	»	35.588.000	»	500.000	»	
	III. Postes, télégraphes, téléphones, T. S. F.		10.703.000	775.000	»	9.928.000	»	»	»	
	IV. Protection de la santé publique. — Assistance et Hygiène publiques		35.115.800	3.590.000	1.800.000	12.808.000	4.917.800	6.666.667	3.333.333	
	V. Instruction publique		7.478.800	5.028.800	1.650.000	800.000	»	»	»	
	VI. Autres œuvres d'intérêt économique		2.306.800	2.306.800	»	»	»	»	»	
	VII. Bâtiments administratifs		9.407.400	9.407.400	»	»	»	»	»	
	TOTAUX GÉNÉRAUX		142.329.800	28.588.000	3.450.000	90.374.000	4.917.800	11.666.667	3.333.333	

RÉCAPITULATION PAR RÉPARTITION.

	PARTIELLES.	TOTALES.
Ressources ordinaires { B. E. Colonie	28.588.000	
{ Budget communal	3.450.000	
Total		32.038.000
Emprunt { Colonie	90.374.000	
{ Commune de Nouméa	4.917.800	
Total		(a)95.291.800
Prestations { Colonie	11.666.667	
{ Commune de Nouméa	3.333.333	
Total		15.000.000
Total général		142.329.800

RÉPARTITION DES RESSOURCES.

Colonie :

	PARTIELLES.	TOTALES.
Ressources ordinaires		28.588.000
Ressources extérieures { Emprunt	90.374.000	
{ Prestations	11.666.667	102.040.667
Total pour la colonie		130.628.667

Commune de Nouméa :

	PARTIELLES.	TOTALES.
Ressources ordinaires		3.450.000
Ressources extérieures { Emprunt	4.917.800	
{ Prestations	3.333.333	8.251.133
Total pour la commune de Nouméa		11.701.133
Total général		142.329.800

(a) L'emprunt étant [illegible] pourvu, par le budget [illegible] la dépense supplémentaire de 291.800 francs.

TABLEAU II.

RÉPARTITION PAR PÉRIODES DES MOYENS D'EXÉCUTION

PROVENANT

DES RESSOURCES EXTÉRIEURES

(EMPRUNT ET PRESTATIONS IMMÉDIATES).

RÉPARTITION PAR PÉRIODES DES MOYENS D'EXÉCUTION PROVENANT DES RESSOURCES EXTÉRIEURES.

DÉSIGNATION DES TRAVAUX.	RÉPARTITION des évaluations (chiffres extraits) du Tableau I.		PÉRIODES D'EXÉCUTION.						OBSERVATIONS.
			période 1930-1931-1932. Emprunt à la charge de		période 1933-1934-1935. Emprunt à la charge de		période 1936-1937-1938. Emprunt à la charge de		
	Emprunt.	Prestations immédiates.	Colonie.	Commune de Nouméa.	Colonie.	Commune de Nouméa.	Colonie.	Commune de Nouméa.	
	francs.	francs.	francs.	francs.	francs.	francs.	francs.	francs.	
I. VOIES DE COMMUNICATION TERRESTRES.									
1re URGENCE.									
...hat de matériel pour entretien et construction de routes	»	2.500.000	»	»	»	»	»	»	
B. Routes.									
...ment de la route Nouméa-Koumac :									
Muto-Témala	1.800.000	»	1.800.000	»	»	»	»	»	
Témala-Koumac	5.200.000	»	5.200.000	»	»	»	»	»	
...ment de la route Bourail-Houaïlou	2.200.000	»	2.200.000	»	»	»	»	»	
...ation de la route La Coulée-Yaté, tronçon Plum-Baie des Pirogues	200.000	»	200.000	»	»	»	»	»	
...ment de la route La Foa-Canala	3.850.000	»	3.850.000	»	»	»	»	»	
...ction de la route Houaïlou-Hienghène	7.000.000	»	7.000.000	»	»	»	»	»	
...ction de la route Oubatche-Ouégoa-Koumac	(*) 3.000.000	»	3.000.000	»	»	»	»	»	
...ation de la route Bouloupari-Thio	1.000.000	»	1.000.000	»	»	»	»	»	
Total pour les routes	24.250.000	»	24.250.000	»	»	»	»	»	
C. Ouvrages d'art.									
...ta	750.000	1.250.000	750.000	»	»	»	»	»	
...ry	200.000	400.000	200.000	»	»	»	»	»	
...	100.000	100.000	100.000	»	»	»	»	»	
...b	150.000	250.000	150.000	»	»	»	»	»	
Total pour les ouvrages d'art	1.200.000	2.000.000	1.200.000	»	»	»	»	»	
2e URGENCE.									
...at de matériel pour entretien et construction de routes	»	»	»	»	»	»	»	»	
B. Routes.									
...tion de la route Oubatche-Ouégoa-Koumac									
...ation de la route La Coulée-Yaté, tronçon La Pirogue	2.800.000	»	»	»	2.800.000	»	»	»	
Total pour les routes	5.800.000	»	»	»	5.800.000	»	»	»	
...rages d'art	»	»	»	»	»	»	»	»	
RÉCAPITULATION.									
1re URGENCE.									
...t de matériel	»	2.500.000	»	»	»	»	»	»	
...es	24.250.000	»	24.250.000	»	»	»	»	»	
...ages d'art	1.200.000	2.000.000	1.200.000	»	»	»	»	»	
Total 1re urgence	25.450.000	4.500.000	25.450.000	»	»	»	»	»	
2e URGENCE.									
...	5.800.000	»	»	»	5.800.000	»	»	»	
Total général des voies de communication terrestres	31.250.000	4.500.000	25.450.000	»	5.800.000	»	»	»	

(*) 1re urgence 3.000.000ᶠ
2e urgence 3.000.000
Au total 6.000.000

Suite de la *Répartition par périodes des moyens d'exécution provenant des ressources extérieures.*

DÉSIGNATION DES TRAVAUX.	RÉPARTITION des évaluations (chiffres extraits) du Tableau I.		PÉRIODES D'EXÉCUTION.						OBSERVATIONS.
			PÉRIODE 1930–1931–1932. Emprunt à la charge de		PÉRIODE 1933–1934–1935. Emprunt à la charge de		PÉRIODE 1936–1937–1938. Emprunt à la charge de		
	Emprunt.	Prestations immédiates.	Colonie.	Commune de Nouméa.	Colonie.	Commune de Nouméa.	Colonie.	Commune de Nouméa.	
	francs.	francs.	francs.	francs.	francs.	francs.	francs.	francs.	
II. PORTS ET NAVIGATION.									
1re URGENCE.									
A. Port de Nouméa.									
Môle de 5oo mètres........ (1)	12.916.000	»	12.916.600	»	»	»	»	»	(1) 1re urgence.............. 2e urgence.............. Au total..........
Cale de halage............ (2)	1.000.000	»	1.000.000	»	»	»	»	»	(2) 1re urgence.............. 2e urgence.............. Au total..........
Imprévus.................. (3)	1.500.000	»	1.500.000	»	»	»	»	»	
Total pour le port de Nouméa.	15.416.600	»	15.416.600	»	»	»	»	»	(3) 1re urgence.............. 2e urgence.............. Au total..........
B. Navigation.									
Avance éventuelle à une Société pour achat de navires.	8.000.000	»	8.000.000	»	»	»	»	»	
C. Appontements et docks aux escales.									
a. Quais : Houailou 10.000 / Ouégoa 10.000	30.000	»	30.000	»	»	»	»	»	
b. Wharfs : Koumac 50.000 / Hienghène 40.000	90.000	»	90.000	»	»	»	»	»	
c. Docks : Poya 48.000 / Ponémbout 48.000 / Voh 48.000 / Koumac 100.000 / Houaïlou 25.000 / Ponérihouen 48.000 / Touho 48.000 / Hienghène 48.000 / Pam 48.000 / Ouégoa 48.000 / Témala 23.000 / Bourail 48.000 / La Foa 48.000	128.000	500.000	128.000	»	»	»	»	»	
Total pour appontements et docks aux escales.	248.000	500.000	248.000	»	»	»	»	»	
D. Éclairage des côtes.									
Maison pour pilotes à la Havannah.	150.000	»	150.000	»	»	»	»	»	
Total pour l'éclairage des côtes	150.000	»	150.000	»	»	»	»	»	
2e URGENCE.									
A. Port de Nouméa.									
Môle de 5oo mètres / Cale de halage.... (1)	4.523.400	»	»	»	4.523.400	»	»	»	
Outillage................ (2)	1.500.000	»	»	»	1.500.000	»	»	»	
Imprévus.................	1.400.000	»	»	»	1.400.000	»	»	»	
.... (3)	2.800.000	»	»	»	2.800.000	»	»	»	
Total pour le port de Nouméa.	10.223.400	»	»	»	10.223.400	»	»	»	
B. Navigation	»	»	»	»	»	»	»	»	
C. Appontements et docks aux escales.	»	»	»	»	»	»	»	»	

Suite de la *Répartition par périodes des moye[ns d'ex]écution provenant des ressources extérieures.*

DÉSIGNATION DES TRAVAUX	RÉPARTITION des ÉVALUATIONS (CHIFFRES EXTRAITS) du Tableau I.		PÉRIODE 1930-1931-1932. Emprunt à la charge de		PÉRIODE 1933-1934-1935. Emprunt à la charge de		PÉRIODE 1936-1937-1938. Emprunt à la charge de		OBSERVATIONS.
	Emprunt. (francs)	Prestations immédiates. (francs)	Colonie. (francs)	Commune de Nouméa. (francs)	Colonie. (francs)	Commune de Nouméa. (francs)	Colonie. (francs)	Commune de Nouméa. (francs)	
3° URGENCE.									
B. Éclairage des côtes.									
Phare de Kié	900.000	»	»	»	»	»	900.000	»	
Phare du Cap des Pins	500.000	»	»	»	»	»	500.000	»	
Feu du Porc-Épic	150.000	»	»	»	»	»	150.000	»	
Total pour l'éclairage des côtes	1.550.000	»	»	»	»	»	1.550.000	»	
RÉCAPITULATION.									
1re URGENCE.									
A. Port de Nouméa	15.416.600	»	15.416.600	»	»	»	»	»	
B. Navigation	8.000.000	»	8.000.000	»	»	»	»	»	
C. Appontements et docks aux escales	248.000	500.000	248.000	»	»	»	»	»	
D. Éclairage des côtes	150.000	»	150.000	»	»	»	»	»	
Total 1re urgence	23.814.600	500.000	23.814.600	»	»	»	»	»	
2e URGENCE.									
A. Port de Nouméa	10.223.400	»	»	»	10.223.400	»	»	»	
B. Navigation	»	»	»	»	»	»	»	»	
C. Appontements et docks aux escales	»	»	»	»	»	»	»	»	
Total 2e urgence	10.223.400	»	»	»	10.223.400	»	»	»	
3e URGENCE.									
D. Éclairage des côtes	1.550.000	»	»	»	»	»	1.550.000	»	
Total 3e urgence	1.550.000	»	»	»	»	»	1.550.000	»	
REPORTS.									
Total 1re urgence	23.814.600	500.000	23.814.600	»	»	»	»	»	
Total 2e urgence	10.223.400	»	»	»	10.223.400	»	»	»	
Total 3e urgence	1.550.000	»	»	»	»	»	1.550.000	»	
Total pour II. Ports et navigation	35.588.000	500.000	23.814.600	»	10.223.400	»	1.550.000	»	
III. POSTES, TÉLÉGRAPHES, TÉLÉPHONES, T. S. F.									
1re URGENCE.									
Réfection, extension et transformation du réseau téléphonique et télégraphique :									
a. Téléphone	3.531.000	»	3.531.000	»	»	»	»	»	
b. Télégraphe	1.202.000	»	1.202.000	»	»	»	»	»	
Transformation du réseau téléphonique à Nouméa :									
a. Réseau téléphonique souterrain	(1) 272.500	»	272.500	»	»	»	»	»	(1) 1re urgence .... 272.500 2e urgence .... 272.500 Au total 545.000
b. Installation du téléphone automatique	(2) 1.000.000	»	1.000.000	»	»	»	»	»	(2) 1re urgence .... 1.000.000 2e urgence .... 1.000.000 Au total 2.000.000
Construction d'un hôtel des postes à Nouméa	»	»	»	»	»	»	»	»	
Total 1re urgence	6.005.500	»	»	»	»	»	»	»	

Suite de la *Répartition par périodes des moyens d'exécution provenant des ressources extérieures.*

DÉSIGNATION DES TRAVAUX.	RÉPARTITION des évaluations (chiffres extraits) du tableau I. Emprunt.	Prestations immédiates.	PÉRIODES D'EXÉCUTION. Période 1930-1931-1932. Emprunt à la charge de Colonie.	Commune de Nouméa.	Période 1933-1934-1935. Emprunt à la charge de Colonie.	Commune de Nouméa.	Période 1936-1937-1938. Emprunt à la charge de Colonie.	Commune de Nouméa.
	francs.	francs.	francs.	francs.	francs.	francs.	francs.	francs.
2e URGENCE.								
Transformation du réseau téléphonique à Nouméa :								
a. Réseau téléphonique souterrain	1.190.000	″	″	″	1.190.000	″	″	″
b. Installation du téléphone automatique	(1) 272.500	″	″	″	272.500	″	″	″
Construction d'un hôtel des postes à Nouméa	(2) 1.000.000	″	″	″	1.000.000	″	″	″
Construction de bureaux de postes dans l'intérieur : Bourail, Koumac, Poindimié, Pouébo, Ouégoa	1.260.000	″	″	″	1.260.000	″	″	″
Construction d'un atelier avec logement pour mécanicien des P. T. T.	200.000	″	″	″	200.000	″	″	″
Total 2e urgence	3.922.500	″	″	″	3.922.500	″	″	″
RÉCAPITULATION.								
1re urgence	6.005.500	″	6.005.500	″	″	″	″	″
2e urgence	3.922.500	″	″	″	3.922.500	″	″	″
Total pour les postes, télégraphes, téléphones, T. S. F.	9.928.000	″	6.005.500	″	3.922.500	″	″	″
IV. PROTECTION DE LA SANTÉ PUBLIQUE, ASSISTANCE ET HYGIÈNE PUBLIQUES.								
1re URGENCE.								
A. Organisation médicale, modernisation de l'hôpital central.								
Réparation et peinture des bâtiments	400.000	″	400.000	″	″	″	″	″
Réfection des conduites d'eau, de gaz, d'eaux-vannes	100.000	″	100.000	″	″	″	″	″
Réfection des w. c. et des lavabos	100.000	″	100.000	″	″	″	″	″
Installation de lavabos dans les chambres de malades et de cabines de bains aux étages	60.000	″	60.000	″	″	″	″	″
Réfection en carreaux de céramique des revêtements des murs de chambres	150.000	″	150.000	″	″	″	″	″
Achat de mobilier et de matériel pour chambres de malades	80.000	″	80.000	″	″	″	″	″
Réfection de salles de bains, emplacements de baignoires, revêtements des murs en carreaux de céramique	60.000	″	60.000	″	″	″	″	″
Achat de matériel pour salles d'opérations, de stérilisation et d'examen	60.000	″	60.000	″	″	″	″	″
Total pour l'hôpital	1.010.000	″	1.010.000	″	″	″	″	″
Création de dispensaires pour européens et indigènes	400.000	″	400.000	″	″	″	″	″
Total pour l'organisation médicale	1.410.000	″	1.410.000	″	″	″	″	″
B. Assistance publique	″	″	″	″	″	″	″	″
C. Hygiène publique.								
Réfection de la conduite d'eau	968.800	″	″	968.800	″	″	″	″
Doublement de la conduite d'eau et construction d'un bassin supplémentaire	5.000.000	(3) 10.000.000	3.333.333	1.666.667	″	″	″	″
Rectification de la baie de la Moselle	3.500.000	″	3.500.000	″	″	″	″	″
Construction du réseau d'égouts de la ville de Nouméa	6.847.000	″	4.566.667	2.282.333	″	″	″	″
Total pour l'hygiène publique	16.315.800	(3) 10.000.000	11.398.000	4.917.800	″	″	″	″
RÉCAPITULATION.								
1re URGENCE.								
A. Organisation médicale	1.410.000	″	1.410.000	″	″	″	″	″
B. Assistance publique	″	″	″	″	″	″	″	″
C. Hygiène publique	16.315.800	(3) 10.000.000	11.398.000	4.917.800	″	″	″	″
Total pour protection de la santé publique, assistance et hygiène publiques	17.725.800	(3) 10.000.000	12.808.000	4.917.800	″	″	″	″

OBSERVATIONS.

(1) 1re urgence ....
2e urgence ....
Au total ....

(2) 1re urgence ....
2e urgence ....
Au total ....

(3) Colonie .... 5.6[illegible]
Ville de Nouméa .... 3.33[illegible]
Au total .... 10.0[illegible]

Suite de la *Répartition par périodes des moyens d'exécution provenant des ressources extérieures.*

DÉSIGNATION DES TRAVAUX.	RÉPARTITION des ÉVALUATIONS (CHIFFRES EXTRAITS) du tableau I.		PÉRIODES D'EXÉCUTION.						OBSERVATIONS.
			PÉRIODE 1930-1931-1932.		PÉRIODE 1933-1934-1935.		PÉRIODE 1936-1937-1938.		
			Emprunt à la charge de		Emprunt à la charge de		Emprunt à la charge de		
	Emprunt.	Prestations immédiates.	Colonie.	Commune de Nouméa.	Colonie.	Commune de Nouméa.	Colonie.	Commune du Nouméa.	
	francs.	francs.	francs.	francs.	francs.	francs.	francs.	francs.	
V. INSTRUCTION PUBLIQUE.									
1re URGENCE.									
Construction d'écoles dans l'intérieur, Koné, Koumac, Hienghène et Yaté	800.000	#	800.000	#	#	#	#	#	
Total pour l'instruction publique	800.000	#	800.000	#	#	#	#	#	
VI. AUTRES ŒUVRES D'INTÉRÊT ÉCONOMIQUE.									
Autres œuvres d'intérêt économique	#	#	#	#	#	#	#	#	
VII. BÂTIMENTS ADMINISTRATIFS.									
Bâtiments administratifs	#	#	#	#	#	#	#	#	
RÉCAPITULATION.									
Voies de communications terrestres	31.250.000	4.300.000	25.450.000	#	5.800.000	#	#	#	
Ports et navigation	35.588.000	500.000	23.814.600	#	10.223.400	#	1.550.000	#	
Postes, télégraphes, téléphones, T. S. F.	9.928.000	#	6.005.500	#	3.922.500	#	#	#	
Protection de la santé publique, assistance et hygiène publiques	17.725.800	(1) 10.000.000	12.808.000	4.917.800	#	#	#	#	(1) Colonie .... 6.666.667 / Ville de Nouméa .... 3.333.333 / Total 10.000.000
Instruction publique	800.000	#	800.000	#	#	#	#	#	
TOTAL GÉNÉRAL	(2) 95.291.800	15.000.000	68.878.100	4.917.800	19.945.900	#	1.550.000	#	(2) L'emprunt étant arrêté à 95.000.000, il sera pourvu, par le Budget Extraordinaire, à la dépense supplémentaire de 291.800 francs.

RÉPARTITION PAR PÉRIODES DES MOYENS D'EXÉCUTION.

	EMPRUNT.			PRESTATIONS.			TOTAUX GÉNÉRAUX EMPRUNT ET PRESTATIONS.		
	COLONIE.	COMMUNE DE NOUMÉA.	TOTAUX.	COLONIE.	COMMUNE DE NOUMÉA.	TOTAUX.	COLONIE.	COMMUNE DE NOUMÉA.	TOTAUX.
En 1929	#	#	#	11.666.667	3.333.333	15.000.000	11.666.667	3.333.333	15.000.000
1930-1932	68.878.100	4.917.800	73.795.900	#	#	#	68.878.100	4.917.800	73.795.900
1933-1935	19.945.900	#	19.945.900	#	#	#	19.945.900	#	19.945.900
1936-1938	1.550.000	#	1.550.000	#	#	#	1.550.000	#	1.550.000
TOTAUX	90.374.000	4.917.800	(2) 95.291.800	11.666.667	3.333.333	15.000.000	102.040.667	8.251.133	110.291.800

TABLEAU III

PROGRAMME

CONCERNANT LES MUNICIPALITÉS

(EXTRAIT DE L'INVENTAIRE GÉNÉRAL
ET DE LA RÉPARTITION PAR PÉRIODES D'EXÉCUTION)

PROGRAMME CONCERNANT LES MUNICIPALITÉS.

Ordre d'urgence	Nature des travaux	Évaluations partielles (francs)	Évaluations totales (francs)	Budget extraordinaire	Budget communal de Nouméa	Prestations — Période 1930, à la charge de la Colonie	à la charge de la commune de Nouméa	Emprunt — Période 1930-1931-1932, à la charge de la Colonie	à la charge de la commune de Nouméa	Emprunt — Période 1933-1934-1935, à la charge de la Colonie	à la charge de la commune de Nouméa	Observations
	I. COMMUNE DE NOUMÉA.											
	I. VOIES DE COMMUNICATION.											
	Voies de communication	»	Néant.	»	»	»	»	»	»	»	»	
	II. PORTS ET NAVIGATION.											
	Ports et navigation	»	Néant.	»	»	»	»	»	»	»	»	
	III. POSTES, TÉLÉGRAPHES, TÉLÉPHONES, T. S. F.											
	Postes, télégraphes, téléphones, T. S. F.	»	Néant.	»	»	»	»	»	»	»	»	
	IV. PROTECTION DE LA SANTÉ PUBLIQUE, ASSISTANCE ET HYGIÈNE PUBLIQUES.											
	A. Organisation médicale	»	»	»	»	»	»	»	»	»	»	
	B. Assistance publique	»	Néant.	»	»	»	»	»	»	»	»	
	C. Hygiène publique.	»	Néant.	»	»	»	»	»	»	»	»	
1re.	Réfection de la conduite d'eau	»	»	»	»	»	»	»	»	»	»	
	Doublement de la conduite d'eau et construction d'un bassin supplémentaire	968.800	»	»	»	5.666.667	3.333.333	3.333.333	968.800	1.660.667	»	(1)
	Construction du réseau d'égouts :	(1) 15.000.000	»									
	Eaux pluviales											
	Bassin de la ville	150.000										
	Bassin central	2.767.000										
	Bassin de l'artillerie	532.000										
	Bassin de la Vallée du Tir	111.000										
	Bassin des réservoirs supérieurs	1.955.000										
		731.000										
	Total pour la 1re urgence	(2) 6.847.000	»	»	»	»	»	»	4.564.667	2.282.333	»	(2)
2e.	Assainissement de l'habitation, suppression des taudis et création d'habitations à bon marché	»	22.815.800	»	»	6.667.067	3.333.333	7.898.000	4.917.800	»	»	
	Hygiène de l'alimentation :	(3) Mémoire.	»									(3)
	Construction d'un abattoir avec chambre froide à Nouméa	1.000.000										
	Construction d'un marché couvert à Nouméa	800.000										
	Total pour la 2e urgence	1.800.000	»	1.800.000	»	»	»	»	»	»	»	
	Report du Total de la 1re urgence	»	1.800.000	1.800.000	»	»	»	»	»	»	»	
	Total pour C. — Hygiène publique	»	22.815.800	»	»	6.666.667	3.333.333	7.898.000	4.917.800	»	»	
	Total pour A. — Organisation médicale	»	24.615.800	1.800.000	»	6.666.667	3.333.333	7.898.000	4.917.800	»	»	
	Total pour B. — Assistance publique	»	»	»	»	»	»	»	»	»	»	
	Total pour IV. — Protection de la santé publique, assistance et hygiène publiques	»	24.615.800	1.800.000	»	6.666.667	3.333.333	7.898.000	4.917.800	»	»	

(1) 1/3 à la charge de la Colonie. 1/3 à la charge de la commune de Nouméa. Eau gratuite pour Nouméa jusqu'à... (formation de 1/3).

(2) 1/3 à la charge de la Colonie. 1/3 à la charge de la commune de Nouméa. 2/3 des recettes à la charge de la Colonie.

(3) À exécuter ... du budget local ...

Suite du *Programme concernant les Municipalités.*

DÉSIGNATION DES TRAVAUX / ÉVALUATIONS / RÉPARTITION DES MOYENS D'EXÉCUTION

Ordre d'urgence	Nature des travaux	Évaluations partielles	Évaluations totales	Ressources ordinaires — Colonie (Budget extraordinaire)	Ressources ordinaires — Budget communal de Nouméa	Période 1930 — Prestations à la charge de la Colonie	Période 1930 — Prestations à la charge de la commune de Nouméa	Période 1930-1931-1932 — Emprunt à la charge de la Colonie	Période 1930-1931-1932 — Emprunt à la charge de la commune de Nouméa	Période 1933-1934-1935 — Emprunt à la charge de la Colonie	Période 1933-1934-1935 — Emprunt à la charge de la commune de Nouméa	Observations
		frcs.	frcs.	frcs.	frcs.	frcs.	frcs.	frcs.	frcs.	frcs.	frcs.	
	V. INSTRUCTION PUBLIQUE.											
	A. Enseignement secondaire	»		»	»	»	»	»	»	»	»	
	B. Enseignement primaire supérieur	»	Néant.	»	»	»	»	»	»	»	»	
	C. Enseignement primaire	»	Néant.	»	»	»	»	»	»	»	»	
1re	Construction d'écoles et de logements pour instituteurs : Clôture de l'École des filles / Logements d'instituteurs	150.000 / 1.300.000	»	»	150.000 / 1.300.000	»	»	»	»	»	»	
	Total pour la 1re urgence		1.450.000	»	1.450.000	»	»	»	»	»	»	
2e	Construction d'une école pour indigènes et asiatiques à Nouméa	200.000	»	»	200.000	»	»	»	»	»	»	
	Total pour la 2e urgence		200.000	»	200.000	»	»	»	»	»	»	
	Report du Total de la 1re urgence		1.450.000	»	1.450.000	»	»	»	»	»	»	
	Total pour C. — Enseignement primaire	»	1.650.000	»	1.650.000	»	»	»	»	»	»	
	Total pour A. — Enseignement secondaire	»	»	»	»	»	»	»	»	»	»	
	Total pour B. — Enseignement primaire supérieur	»	»	»	»	»	»	»	»	»	»	
	Total V. — Instruction publique	»	1.650.000	»	1.650.000	»	»	»	»	»	»	
	VI. AUTRES ŒUVRES D'INTÉRÊT ÉCONOMIQUE.											
	Autres œuvres d'intérêt économique	»	Néant.	»	»	»	»	»	»	»	»	
	VII. BÂTIMENTS ADMINISTRATIFS.											
	Bâtiments administratifs	»	Néant.	»	»	»	»	»	»	»	»	

RÉCAPITULATION.

	Nature	Évaluations totales	Budget communal de Nouméa	Prestations à la charge de la Colonie	Prestations à la charge de la commune de Nouméa	Emprunt à la charge de la Colonie	Emprunt à la charge de la commune de Nouméa	Observations
I.	Voies de communication terrestres	Néant.	»	»	»	»	»	
II.	Ports et navigation	Néant.	»	»	»	»	»	
III.	Postes, télégraphes, téléphones, T. S. F.	Néant.	»	»	»	»	»	
IV.	Protection de la santé publique, assistance et hygiène publiques	Néant.	»	»	»	»	»	
V.	Instruction publique	24.615.800	1.500.000	6.065.667	3.333.333	7.898.000	4.917.800	
VI.	Autres œuvres d'intérêt économique	1.650.000	1.050.000	»	»	»	»	
VII.	Bâtiments administratifs	Néant.	»	»	»	»	»	
	Total pour la Ville de Nouméa	26.265.800	3.450.000	6.065.667	3.333.333	7.898.000	4.917.800	

Suite du *Programme concernant les Municipalités.*

Ordre d'urgence	Nature des travaux	Évaluations partielles (francs)	Évaluations totales (francs)	Ressources ordinaires — Budget extraordinaire (Colonie) (francs)	Ressources ordinaires — Budget communal de Nouméa (francs)	Période 1930 — Prestations à la charge de la Colonie (francs)	Période 1930 — Prestations à la charge de la commune de Nouméa (francs)	Période 1930-1931-1932 — Emprunt à la charge de la Colonie (francs)	Période 1930-1931-1932 — Emprunt à la charge de la commune de Nouméa (francs)	Période 1933-1934-1935 — Emprunt à la charge de la Colonie (francs)	Période 1933-1934-1935 — Emprunt à la charge de la commune de Nouméa (francs)	Observations
	II. MUNICIPALITÉS DE L'INTÉRIEUR.											
	I. VOIES DE COMMUNICATION TERRESTRES.											
	Voies de communication terrestres	»	Néant.	»	»	»	»	»	»	»	»	
	II. PORTS ET NAVIGATION.											
	A. Ports.	»	Néant.	»	»	»	»	»	»	»	»	
	B. Navigation.											
1er.	Avance éventuelle à une société pour achat de navires	»	8.000.000	»	»	»	»	8.000.000	»	»	»	
	Appointements et docks aux escales :											
	a. Quais :											
	Houaïlou	10.000										
	Touho	10.000										
	Ouégoa	10.000										
	Total pour a		30.000	»	»	»	»	30.000	»	»	»	
	b. Wharfs :											
	Koumac	50.000										
	Hienghène	40.000										
	Total pour b		90.000	»	»	»	»	90.000	»	»	»	
	c. Docks :											
	Poya	48.000										
	Pouembout	48.000										
	Voh	48.000										
	Kounoua	48.000										
	Houaïlou	100.000										
	Ponérihouen	25.000										
	Touho	48.000										
	Hienghène	48.000										
	Pam	48.000										
	Ouégoa	48.000										
	Térémba	48.000										
	Bourail	23.000										
	La Foa	48.000										
	Total pour c		628.000	»	»	500.000	»	128.000	»	»	»	
	Total § B. — Navigation	»	8.748.000	»	»	500.000	»	8.248.000	»	»	»	
	Total § A. — Ports	»	Néant.	»	»	»	»	»	»	»	»	
	Total II. — Ports et navigation	»	8.748.000	»	»	500.000	»	8.248.000	»	»	»	
	III. POSTES, TÉLÉGRAPHES, TÉLÉPHONES, T. S. F.											
	Postes, télégraphes, téléphones, T. S. F.	»	Néant.	»	»	»	»	»	»	»	»	

Suite du *Programme concernant les Municipalités.*

DÉSIGNATION DES TRAVAUX.		ÉVALUATIONS.		RÉPARTITION DES MOYENS D'EXÉCUTION.							OBSERVATIONS.
Ordre d'urgence.	Nature des travaux.	Partielles.	Totales.	RESSOURCES ORDINAIRES.		RESSOURCES EXTÉRIEURES PAR PÉRIODES D'EXÉCUTION.					
				COLONIE. Budget extraordinaire.	BUDGET communal de Nouméa.	Période 1930. Prestations — à la charge de la Colonie.	à la charge de la commune de Nouméa.	Période 1930-1931-1932. Emprunt — à la charge de la Colonie.	à la charge de la commune de Nouméa.	Période 1933-1934-1935. Emprunt — à la charge de la Colonie.	à la charge de la commune de Nouméa.
		francs.	francs.	francs.	francs.	francs.	francs.	francs.	francs.	francs.	francs.
	PROTECTION DE LA SANTÉ PUBLIQUE, ASSISTANCE ET HYGIÈNE PUBLIQUES.										
	A. Organisation médicale.										
1°	Création de centres de consultations et infirmeries :										
	Total pour la 1re urgence	200.000 200.000	700.000	»	»	»	»	400.000	»	»	»	
2°	Hôpitaux	200.000 200.000 200.000 Mémoire, 200.000 200.000										
	Total		1.000.000	1.000.000	»	»	»	»	»	»	»	
	Constructions de logements pour médecins : La Foa, Koné	(1) Mémoire, 180.000										(1) À exécuter sur ressources du budget local ordinaire.
	Total pour la 2e urgence		180.000	180.000	»	»	»	»	»	»	»	
	Report Total de la 1re urgence	»	1.180.000	1.180.000	»	»	»	»	»	»	»	
	Total § A. — Organisation médicale	»	400.000	»	»	»	»	400.000	»	»	»	
B. Assistance publique.		»	1.180.000	1.180.000	»	»	»	»	»	»	»	
	C. Hygiène publique.										
1°	Néant	»	Néant.	»	»	»	»	»	»	»	»	
2°	Hygiène de l'alimentation : Alimentation en eau potable des centres de l'intérieur : La Foa, Ouégoa	»	»	»	»	»	»	»	»	»	»	
	Total pour § C. — Hygiène publique	2.300.000 25.000		2.300.000 25.000	»	»	»	»	»	»	»	
	Total pour § A. — Organisation médicale		2.325.000	2.325.000	»	»	»	»	»	»	»	
	Total pour § B. — Assistance publique	»	1.580.000	1.180.000	»	»	»	»	400.000	»	»	»	
	Total IV. — Protection de la santé publique, assistance et hygiène publiques	»	3.905.000	3.505.000	»	»	»	»	400.000	»	»	»	
	V. INSTRUCTION PUBLIQUE.										
	Création d'écoles communales, avec logement pour instituteurs, à Koné, Koumac, Hienghène, Yaté										
	Total pour la 1re urgence	800.000	800.000	»	»	»	»	800.000	»	»	»	

Suite du *Programme* concernant *les Municipalités*

Ordre d'urgence	Nature des travaux	Évaluations partielles (francs)	Évaluations totales (francs)	Ressources ordinaires — Budget extraordinaire (francs)	Ressources ordinaires — Budget communal de Nouméa (francs)	Période 1930 — Prestations à la charge de la Colonie (francs)	Période 1930 — Prestations à la charge de la commune de Nouméa (francs)	Période 1930-1931-1932 — Emprunt à la charge de la Colonie (francs)	Période 1930-1931-1932 — Emprunt à la charge de la commune de Nouméa (francs)	Période 1933-1934-1935 — Emprunt à la charge de la Colonie (francs)	Période 1933-1934-1935 — Emprunt à la charge de la commune de Nouméa (francs)	Observations
2°	Création de cantines scolaires à : Boulouparis, La Foa, Bourail, Pouembout, Koné, Voh, Kaouane, Poindimié, Ponérihouen, Hienghène, Ouégoa	2.200.000	»	2.200.000								
	Total pour la 2° urgence		2.200.000	2.200.000								
	Rapport Total de la 1re urgence		800.000					800.000				
	Total V. — Instruction publique		3.000.000	2.200.000				800.000				
VI. AUTRES ŒUVRES D'INTÉRÊT ÉCONOMIQUE.												
	Autres œuvres d'intérêt économique		Néant.									
VII. BÂTIMENTS ADMINISTRATIFS.												
1°	Construction de mairies pour les centres de : Boulouparis	300.000										
	La Foa	500.000										
	Canala	300.000										
	Hienghène	300.000										
	Total pour la 1re urgence		1.200.000	1.200.000								
2°	Yaté	300.000										
	Poya	300.000										
	Total pour la 2° urgence		600.000	600.000								
	Rapport du Total de la 1re urgence		1.200.000	1.200.000								
	Total VII. — Bâtiments administratifs		1.800.000	1.800.000								

RÉCAPITULATION GÉNÉRALE.

Désignation	Évaluations totales (francs)	Budget extraordinaire (francs)	Budget communal de Nouméa (francs)	Prestations à la charge de la Colonie (francs)	Prestations à la charge de la commune de Nouméa (francs)	Emprunt Colonie 1930-1931-1932 (francs)	Emprunt commune de Nouméa 1930-1931-1932 (francs)	Emprunt Colonie 1933-1934-1935 (francs)	Emprunt commune de Nouméa 1933-1934-1935 (francs)	Observations
I. Voies de communication terrestres										
II. Ports et navigation										
III. Postes, télégraphes, téléphones, T. S. F.	8.748.000			500.000		8.248.000				
IV. Protection de la santé publique, assistance et hygiène publiques	3.905.000	3.505.000				400.000				
V. Instruction publique	3.000.000	2.200.000				800.000				
VI. Autres œuvres d'intérêt économique										
VII. Bâtiments administratifs	1.800.000	1.800.000								
Total pour les municipalités de l'intérieur	17.453.000	7.505.000		500.000		9.448.000				
Rapport du Total de la commune de Nouméa	26.265.800		3.450.000	6.606.087	3.333.333	7.898.000		4.917.800		
Total du programme des municipalités	43.718.800	7.505.000	3.450.000	7.106.087	3.333.333	17.346.000		4.917.800		

TABLEAU IV

CHARGES FINANCIÈRES DE LA COLONIE

ET

DE LA VILLE DE NOUMÉA

CHARGES FINANCIÈRES DE LA COLONIE ET DE LA VILLE DE NOUMÉA.

ANNÉES — RÉPARTITION DES CHARGES ET ATTÉNUATIONS. DÉSIGNATION	1930 COLONIE	1930 COMMUNE de Nouméa	1931 COLONIE	1931 COMMUNE de Nouméa	1932 COLONIE	1932 COMMUNE de Nouméa	1933 COLONIE	1933 COMMUNE de Nouméa	1934 COLONIE	1934 COMMUNE de Nouméa	1935 COLONIE	1935 COMMUNE de Nouméa	OBSERVATIONS
	francs.	francs.	francs.	francs.	francs.	francs.	francs.	francs.	francs.	francs.	francs.	francs.	
Charges. Annuités et amortissements — Emprunt (1)	800.000	80.000	2.711.115	240.988	4.038.549	301.235	4.899.950	301.235	5.301.736	301.235	5.301.736	301.235	(1) Durée d'amortissement 30 ans.
Annuités et amortissements — Prestations (2)	116.067	33.333	116.667	33.333	116.667	33.333	116.667	33.333	116.667	33.333	350.000	100.000	(2) Délai de remboursement sans intérêt 30 ans.
Liquidation de la Pénitentiaire (3)	417.010	»	330.850	»	301.210	»	261.350	»	213.620	»	183.640	»	(3) Remboursables en 10 annuités majorées d'un intérêt de 4 o/o.
Entretien du réseau routier	»	»	904.000	»	2.196.000	»	3.556.000	»	3.692.000	»	3.828.000	»	(4) Maximum des dépenses en 1933-1936 et ensuite diminution jusqu'à 100.000 fr.
Entretien des bâtiments	»	»	28.000	»	28.000	»	42.000	»	42.000	»	42.000	»	
Hôpital central	190.000	»	190.000	»	190.000	»	190.000	»	190.000	»	190.000	»	
Entretien des lépreux (4)	»	»	320.000	»	320.000	»	640.000	»	640.000	»	640.000	»	
TOTAL	1.524.277	113.333	4.600.632	274.321	7.188.426	334.568	9.505.283	334.568	10.196.223	334.568	10.535.376	401.235	
À déduire :													
Annuités d'emprunts antérieurs (5)	»	»	»	»	»	»	»	»	»	»	»	»	(5) Emprunts contractés en 1911 et 1909 et expirant respectivement en 1938 (1er semestre) et 1962 (1er semestre).
Atténuations. Annuité « Cession Pénitentiaire » (6)	1.650	»	3.300	»	4.408	»	18.888	»	18.008	»	18.660	»	(6) Le payement de la dernière annuité est fixé à 1936.
Annuité « Bâtiments administratifs » (7)	108.000	»	108.000	»	108.000	»	108.000	»	108.000	»	108.000	»	(7) La construction d'immeubles pour les services publics entraînera de 1936 à 1941 la suppression progressive de location d'immeubles et la disponibilité, à partir de 1941, de la totalité du crédit affecté à cette location.
Postes et télégraphes (8)	442.620	»	442.620	»	442.620	»	296.580	»	296.580	»	296.580	»	(8) De 1930 à 1933, versement d'une part contributive par les cédants et réduction des dépenses d'entretien, lesquelles à partir de 1935, figurent seules comme atténuation.
Port de Nouméa (9)	»	»	»	»	»	»	501.000	»	501.000	»	501.000	»	(9) Accroissement du montant des droits de port à partir de 1933.
TOTAL à déduire	552.270	»	553.930	»	555.580	»	918.610	»	921.785	»	920.020	»	
CHARGES DÉFINITIVES	972.007	113.333	4.046.712	274.321	6.632.846	334.568	8.586.673	334.568	9.274.438	334.568	9.615.356	401.235	

Suite des Charges financières de la Colonie et de la Ville de Nouméa.

RÉPARTITION DES CHARGES ET ATTÉNUATIONS. DÉSIGNATION.	1936. COLONIE.	1936. COMMUNE de Nouméa.	1937. COLONIE.	1937. COMMUNE de Nouméa.	1938. COLONIE.	1938. COMMUNE de Nouméa.	1939. COLONIE.	1939. COMMUNE de Nouméa.	1940. COLONIE.	1940. COMMUNE de Nouméa.	1941-1952. COLONIE.	1941-1952. COMMUNE de Nouméa.	OBSERVATIONS.
	francs.	francs.	francs.	francs.	francs.	francs.	francs.	francs.	francs.	francs.	francs.	francs.	
Charges. Annuités et amortissements. Emprunt	5.422.230	301.235	5.422.230	301.235	5.422.230	301.235	5.422.230	301.235	5.422.230	301.235	5.422.230	301.235	
Prestations	350.000	100.000	350.000	100.000	350.000	100.000	350.000	100.000	466.667	133.333	466.667	133.333	
Liquidation de la Pénitentiaire	164.730	»	180.370	»	162.710	»	152.710	»	»	»	»	»	
Entretien du réseau routier	3.828.000	»	3.828.000	»	3.828.000	»	3.828.000	»	3.828.000	»	3.828.000	»	
Entretien des bâtiments	84.000	»	90.000	»	112.000	»	126.000	»	140.000	»	154.000	»	
Hôpital central	190.000	»	190.000	»	190.000	»	190.000	»	190.000	»	190.000	»	
Entretien des lépreux	640.000	»	500.000	»	400.000	»	300.000	»	200.000	»	100.000	»	
Total	10.676.510	401.235	10.560.600	401.235	10.454.940	401.235	10.368.950	401.235	10.246.897	434.568	10.160.897	434.568	
À déduire :													
Atténuations. Annuités d'emprunts antérieurs	»	»	»	»	»	»	»	»	»	»	»	»	
Annuité - Cession Pénitentiaire	15.050	»	35.000	»	35.050	»	35.050	»	35.050	»	35.000	»	
Annuité - Bâtiments administratifs	140.230	»	140.230	»	154.230	»	166.230	»	182.230	»	196.230	»	
Postes et télégraphes	296.580	»	296.580	»	296.580	»	296.580	»	296.580	»	296.580	»	
Port de Nouméa	501.000	»	501.000	»	501.000	»	501.000	»	501.000	»	501.000	»	
Total à déduire	953.860	»	972.870	»	986.870	»	1.000.870	»	1.014.870	»	1.028.870	»	
Charges définitives	9.725.050	401.235	9.587.730	401.235	9.478.070	401.235	9.368.080	401.235	9.232.027	434.568	9.133.027	434.568	

Suite des Charges financières de la Colonie et de la Ville de Nouméa.

ANNÉES.

RÉPARTITION DES CHARGES ET ATTÉNUATIONS.

DÉSIGNATION.	1953. COLONIE.	1953. COMMUNE de Nouméa.	1954-1959. COLONIE.	1954-1959. COMMUNE de Nouméa.	1960. COLONIE.	1960. COMMUNE de Nouméa.	1961. COLONIE.	1961. COMMUNE de Nouméa.	1962-1969. COLONIE.	1962-1969. COMMUNE de Nouméa.	1970. COLONIE.	1970. COMMUNE de Nouméa.	OBSERVATIONS.
	francs.	francs.	francs.	francs.	francs.	francs.	francs.	francs.	francs.	francs.	francs.	francs.	
Charges. Annuités et amortissements. { Emprunt	5.422.230	301.235	5.422.230	301.235	5.422.230	301.235	5.422.230	301.235	5.422.230	301.235	5.422.230	301.235	
Prestations	466.667	133.333	466.667	133.333	»	»	»	»	»	»	»	»	
Liquidation de la Pénitentiaire	»	»	»	»	»	»	»	»	»	»	»	»	
Entretien du réseau routier	3.828.000	»	3.828.000	»	3.828.000	»	3.828.000	»	3.828.000	»	3.828.000	»	
Entretien des bâtiments	154.000	»	154.000	»	154.000	»	154.000	»	154.000	»	154.000	»	
Hôpital central	190.000	»	190.000	»	190.000	»	190.000	»	190.000	»	190.000	»	
Entretien des lépreux	100.000	»	100.000	»	100.000	»	100.000	»	100.000	»	100.000	»	
TOTAL	10.160.897	434.568	10.160.897	434.568	9.594.230	301.235	9.594.230	301.235	9.594.230	301.235	9.594.230	301.235	
À déduire :													
Atténuations. Annuités d'emprunts antérieurs	122.040	»	257.080	»	257.080	»	342.710	»	437.620	»	437.620	»	
Annuité «Cession Pénitentiaire»	35.000	»	35.000	»	35.000	»	35.000	»	35.000	»	35.000	»	
Annuité «Bâtiments administratifs»	196.230	»	196.230	»	196.230	»	196.230	»	196.230	»	196.230	»	
Postes et télégraphes	296.580	»	296.580	»	296.580	»	296.580	»	296.580	»	296.580	»	
Port de Nouméa	501.000	»	501.000	»	501.000	»	501.000	»	501.000	»	501.000	»	
TOTAL à déduire	1.150.910	»	1.285.950	»	1.285.950	»	1.371.580	»	1.466.490	»	1.466.490	»	
CHARGES DÉFINITIVES	9.009.987	434.568	8.874.947	434.568	8.408.280	301.235	8.322.650	301.235	8.227.740	301.235	8.227.740	301.235	

8

Suite des Charges financières de la Colonie et de la Ville de Nouméa.

RÉPARTITION DES CHARGES ET ATTÉNUATIONS. — DÉSIGNATION.	1971. COLONIE.	1971. COMMUNE de Nouméa.	1972. COLONIE.	1972. COMMUNE de Nouméa.	1973. COLONIE.	1973. COMMUNE de Nouméa.	1974-1975. COLONIE.	1974-1975. COMMUNE de Nouméa.	1976-1979. COLONIE.	1976-1979. COMMUNE de Nouméa.	1980. COLONIE.	1980. COMMUNE de Nouméa.	OBSERVATIONS
	francs.	francs.	francs.	francs.	francs.	francs.	francs.	francs.	francs.	francs.	francs.	francs.	
Charges. Annuités et amortissements. Emprunt	5.422.230	301.235	5.422.230	301.235	5.422.230	301.235	5.422.230	301.235	5.422.230	301.235	4.622.230	221.235	
Prestations	»	»	»	»	»	»	»	»	»	»	»	»	
Liquidation de la Pénitentiaire	»	»	»	»	»	»	»	»	»	»	»	»	
Entretien du réseau routier	3.828.000	»	3.828.000	»	3.828.000	»	3.828.000	»	3.828.000	»	3.828.000	»	
Entretien des bâtiments	154.000	»	154.000	»	154.000	»	154.000	»	154.000	»	154.000	»	
Hôpital central	190.000	»	190.000	»	190.000	»	190.000	»	190.000	»	190.000	»	
Entretien des lépreux	100.000	»	100.000	»	100.000	»	100.000	»	100.000	»	100.000	»	
TOTAUX	9.694.230	301.235	9.694.230	301.235	9.694.230	301.235	9.694.230	301.235	9.694.230	301.235	8.894.830	221.235	
À déduire :													
Atténuations. Annuités d'emprunts antérieurs	437.620	»	437.620	»	437.620	»	437.620	»	437.620	»	437.620	»	
Annuités - Cession Pénitentiaire	35.060	»	35.060	»	35.060	»	35.060	»	35.060	»	35.060	»	
Annuité - Bâtiments administratifs	196.230	»	196.230	»	196.230	»	196.230	»	196.230	»	196.230	»	
Postes et télégraphes	296.580	»	296.580	»	296.580	»	296.580	»	296.580	»	296.580	»	
Port de Nouméa	501.000	»	501.000	»	501.000	»	501.000	»	501.000	»	501.000	»	
TOTAL à déduire	1.466.490	»	1.466.490	»	1.466.490	»	1.466.490	»	1.466.490	»	1.466.490	»	
CHARGES DÉFINITIVES	8.227.740	301.235	8.227.740	301.235	8.227.740	301.235	8.227.740	301.235	8.227.740	301.235	7.427.740	221.235	

ANNÉES. RÉPARTITION DES CHARGES ET ATTÉNUATIONS. — DÉSIGNATION.	1881. COLONIE.	1881. COMMUNE de NOUMÉA.	1882. COLONIE.	1882. COMMUNE de NOUMÉA.	1883. COLONIE.	1883. COMMUNE de NOUMÉA.	1884-1885. COLONIE.	1884-1885. COMMUNE de NOUMÉA.	1886 ET SUIVANTES. COLONIE.	1886 ET SUIVANTES. COMMUNE de NOUMÉA.	OBSERVATIONS.
	francs.	francs.	francs.	francs.	francs.	francs.	francs.	francs.	francs.	francs.	
Annuités et amortissements. { Emprunt.	2.711.115	60.247	1.385.681	»	722.964	»	120.494	»	»	»	
Prestations.	»	»	»	»	»	»	»	»	»	»	
Liquidation de la Pénitentiaire.	»	»	»	»	»	»	»	»	»	»	
Entretien du réseau routier.	3.828.000	»	3.828.000	»	3.828.000	»	3.828.000	»	3.828.000	»	
Entretien des bâtiments.	154.000	»	154.000	»	154.000	»	154.000	»	154.000	»	
Hôpital central.	190.000	»	190.000	»	190.000	»	190.000	»	190.000	»	
Entretien des lépreux.	100.000	»	100.000	»	100.000	»	100.000	»	100.000	»	
Total.	6.983.115	60.247	5.657.681	»	4.994.964	»	4.392.494	»	4.272.000	»	
A déduire :											
Annuités d'emprunts antérieurs.	437.620	»	437.620	»	437.620	»	437.620	»	437.620	»	
Annuité : Cession Pénitentiaire ».	35.060	»	35.060	»	35.060	»	35.060	»	35.060	»	
Annuité - Bâtiments administratifs ».	196.230	»	196.230	»	196.230	»	196.230	»	196.230	»	
Postes et télégraphes.	296.580	»	296.580	»	296.580	»	296.580	»	296.580	»	
Port de Nouméa.	501.000	»	501.000	»	501.000	»	501.000	»	501.000	»	
Total à déduire.	1.466.490	»	1.466.490	»	1.466.490	»	1.466.490	»	1.466.490	»	
Charges définitives.	5.516.625	60.247	4.191.191	»	3.528.474	»	2.926.004	»	2.805.510	»